Yo puedo ayudar

por Maryellen Gregoire

Consultora:
Nancy E. Harris, MEd

capstone
classroom
Heinemann Raintree • Red Brick Learning
division of Capstone

Yo ayudo en mi ciudad.

CITY OF MANKATO

Yo ayudo en mi escuela.

PUSH

Yo ayudo en la clase.

Yo ayudo en la sala.

Yo ayudo en la cocina.

Yo ayudo en mi cuarto.

DONAR
GUARDAR

Yo ayudo en mi jardín.

¡Yo ayudo en mi jardín!